à mon jeune & serviable ami Henry Simon

L. Cladel

[illegible]

PETITS CAHIERS

DE

Léon CLADEL

Tirage à 200 exemplaires sur papier vergé,
et 100 » sur papier du Japon véritable

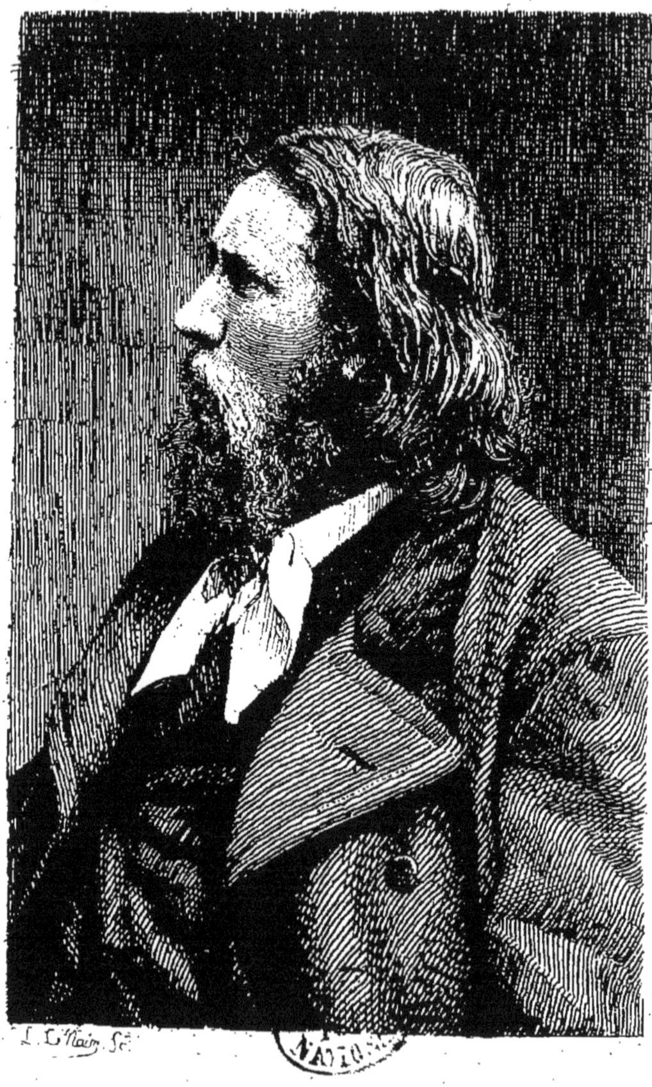

L. Le Nain Sc.

PETITS CAHIERS

DE

Léon CLADEL

Eau-forte de L. LENAIN

BRUXELLES

HENRY KISTEMAECKERS, ÉDITEUR

25, RUE ROYALE, 25

MDCCC LXXIX

« Mort aux tyrans ! paix aux chaumières ! » Soixante-dix-huit ans s'étaient écoulés depuis le jour où, pour la première fois, en France, ces grandes paroles avaient retenti dans le sein de la Convention. Enfin le peuple irrité des campagnes y faisait écho. « A bas les tyrans !... » Il fut accueilli, ce vœu, comme il méritait de l'être, et, partout, on se promit de veiller attentivement à la chose publique : aussi quand le vieil orléaniste, à qui l'on doit Transnonain et les lois de Septembre, fidèle à ses vieilles idées gouvernementales, eut montré son dessein d'instituer sous le nom de République Parlementaire on ne sait quelle sorte d'État oligarchique où le Bourgeois eût été tout et le peuple rien, la France démocratique et républicaine frémit de fond en comble. Hameaux, bourgs, villages sentirent comme les grandes Villes, non moins vivement qu'elles-mêmes le traquenard où l'on voulait prendre la Révolution. Une colère générale agita les provinces enfin d'accord avec Paris. Et Paris où le

Prussien n'avait posé qu'un pied
furtif, Paris, ivre encore de
son impuissante haine contre
Badinguet, Paris décapitalisé
convaincu que le prestidigitateur
émérite qui jouait au roitelet
avait l'intention d'escamoter
au profit des d'Orléans
cette République conquise
au prix de tant de sang,
Paris entier se redressa de
tout son haut, et chassant
de son mur les Vinoy bona-
partistes, les Picard pseudo-
républicains, les Simon anti-
socialistes, les Favre amis
des Jésuites, les Larcy dévots
aux lys, Thiers et les
coq chaponné de 1830

Il arbora fièrement sur ses
remparts le drapeau rouge
de la Commune & jura de
s'ensevelir sous les ruines
fumantes de la Cité plutôt
que de se rendre aux monar-
chistes tricolores conju-
contre la République
& contre lui.

A MON AMI

Camille LEMONNIER

l'honneur des Lettres françaises en Belgique.

L. CL.

Paul-des-Blés

Surpris de nuit, en plein été, non loin d'Issoire, au beau milieu de la Limagne, par un orage épouvantable qui découronnait les chaumes et couchait les noires futaies d'alentour aussi facilement que les blondes céréales entamées déjà par les faucilles des moissonneurs suburbains, un marchand forain du XVIIe arrondissement, en train de battre depuis quelques mois les campagnes de la Basse-Auvergne, allait se réfugier dans une hutte sise au sein d'une grasse prairie limitrophe de la grand'route, lorsque, de l'un des fossés qui bordent cette dernière et qu'il avait franchi, jaillirent d'étranges gémissements, assez semblables aux grêles bêlements d'une ouaille en détresse.

— Hé ! qui vive ?

Aussitôt une voix d'enfant, très longue et plaintive, répondit dans l'idiome du pays :

— Une âme en peine qui, de faiblesse, a roulé tantôt dans ce trou ; passant, tire-moi d'ici, pour l'amour de Dieu ! j'ai faim, j'ai soif, j'ai froid.

— On t'oit, mon gros, et tu vas

être servi ; nom d'une pipe ! attends un peu ; tu mangeras, tu boiras et tu te réchaufferas à ton gré, parole d'honneur !

Et, déposant à terre sa ruisselante pacotille d'images et de cotonnades, le sensible colporteur de la rue des Rosiers se coula sans tergiverser dans le bas-fond herbu d'où bientôt il sortit avec force précautions, pressant très doucement entre ses mains enduites de glaise siliceuse un petit rousseau blême et transi, mais joli comme un cœur et ne pesant peut-être point trente livres, tout mouillé.

— Merci, soupirait la frêle créature en se roulant frissonnante dans les deux méchants morceaux de serpillière qui lui tenaient lieu de chemise, l'un, et l'autre, de jupon; oh, merci, chrétien!

— Halte-là, ma belle, halte-là! ne me traite pas, je te prie! de calotin en récompense de ma gentillesse et fais-moi le plaisir d'endosser illico mon burnous; il est chaud comme un bédouin et te sèchera, car, pour humide, oh! vrai, tu l'es, ma pauv'e fille.

— On est mâle et non femelle, estimable monsieur, vous à qui je dois un cierge.

— Hein?

— Oui.

— Bigre!... Et depuis quand encotillonne-t-on ici ceux qui sont nés pour porter culottes?

— Il faut bien se vêtir de ce qu'on a.

— C'est juste!... Eh! dis-moi donc, crapaud de mon âme, où gîtes-tu?

— Partout.

— Ta niche est grande, en ce cas; sapristi! quel domaine! et tes père et mère?

— En haut, tout là-haut.

— Triste habitation que le Paradis! Alors tu vis seul sur le plancher des vaches?

— Seul.

— Et quel âge as-tu?

— Treize ans.

— On t'en donnerait bien huit en forçant un peu; tu badines, sans doute, mignon?

— Nenni.

Fort ému, le faubourien de la capitale se mordit la moustache, et, pensif, ayant ramassé sa balle, enveloppée d'une toile cirée où l'eau du ciel fluait à torrents, il entraîna l'enjuponné vers la cabane qui bossuait la prairie ; une fois là, bien abrités tous les deux :

— Si nous cassions une croûte, petiot ?

— Ah ! je veux.

— On n'est pas trop mal, après tout, en ce château de berger, et tu vas voir, aimable gringalet, que, grâce à nos industries, la table y sera bientôt mise.

Et l'ambulant chez qui, comme chez la plupart de ses compatriotes, la gaieté revenait toujours au galop, ôta de ses épaules un sac de soldat, en déboucla les sangles, y puisa quelques fouaces, un fromage de chèvre, huit à dix figues sèches, autant de pruneaux, et, finalement, une bouteille de vin...

— Y sommes-nous?

— A coup sûr.

— Eh bien! allons-y sans façons et, quand nous nous serons régalés, on verra! Va, mon fils, ne te gêne point, attaque.

Ainsi convié, le *fils* attaqua si bien qu'au bout de quelques minutes à peine, il ne restait rien, absolument rien du tout, dans le flacon ni dans le sac.

— Cordieu! murmura le Parisien, nous avions une fringale de première catégorie!... et, comme le mioche s'assoupissait en mâchant sa dernière bouchée, il ajouta : Que diable vais-je faire de ma trouvaille?

Il y aura demain onze ans et demi que, par une bourrasque pareille, je récoltai près de Lille, en Flandre, une veuve! Est-ce que ce serait le tour de l'orphelin, aujourd'hui?... Silence au ciel! on ne s'entend pas songer sur terre et l'on a besoin de beaucoup de calme pour calculer un brin! Assez, major! La paix, vieux Dieu!

Loin de se taire, les cieux, interpellés ainsi, tapagèrent de plus belle et bientôt la rumeur de l'ouragan fut telle qu'on se serait cru menacé par des vagues furieuses, en mer. Redoublant à chaque instant d'intensité, le vent d'autan cassait branches et troncs dans les forêts voisines, tandis qu'au fond du val la pluie torrentielle grossissait sans cesse un *riou* dont, vers minuit, les ondes grondantes débordèrent, entraînant avec elles parmi la campagne dévastée, arbres, haies, buissons, gerbes de blé, ceps de vigne, bottes de paille, meules de foin, outils aratoires, animaux de labour ou de bât, volailles, troupeaux, chiens de garde, et la tempête déchaînée souffla jusqu'à l'aurore où s'éteignirent ensemble les folles vibrations de l'air et les mouvements vertigineux de l'eau.

— Cristi, dit l'enfant éveillé qui, du revers des mains, se frottait les paupières, il fait jour et le soleil est déjà levé; voyez, *père*.

A ce dernier mot si câlin, qui le caressa comme une brise et le frappa droit au cœur comme une balle, celui que ses camarades de jeunesse avaient, vingt ans auparavant, surnommé le bon zig de la Barrière-Clichy, tressaillit.

— Oui, grand jour ; le noble lampion s'allume, et depuis longtemps déjà les calandres se chamaillent ; il est cinq heures trois quarts, si je n'ai pas la berlue...

Et l'honnête drille, écrasant entre ses dents bistrées par le jus du tabac, la courte queue d'un brûle-gueule aussi noir qu'un charbon, indiquait du doigt le cadran d'une vieille horloge rutilant en pleine lumière au flanc du rustique clocher qui couronnait la pauvre vieille église assise à la pointe du plus prochain coteau.

— Ça, reprit le jeune aborigène en serrant autour de son buste à moitié nu le manteau dans lequel il avait si bien dormi, ça, c'est Saint-Martin-ès-Paluds.

— Sacré nom d'un pieu! cria l'autre, encore en passe de rêver, il ne sera pas dit qu'un voyou tel que moi n'a pas sous la mamelle gauche autant de braise qu'y en eut le saint béat par toi dénommé.

— Plaît-il?

— Et si la bourgeoise que nous recueillîmes jadis en Artois n'est pas contente, on lui dira : zut! oui, m'ami; quant à la gonzesse, on lui ripostera: tiens, toi, citoyenne, défronce ta frimousse; voici le pantin en pain d'épice assaisonné de sucre d'orge que tu me prias de te rapporter de chez les montagnards qui parlent charabia.

— *Que moeu?*

— Désires-tu, voyons, sois franc, que je te fasse un petit bout de conduite?

— Oh! je reste ici, car, nulle part à l'entour de ce hameau je ne serais aussi bien.

— Et manger? gamin; ne te figure pas qu'en cette pétaudière les alouettes te tomberaient du ciel dans la bouche toutes rôties.

— Il y a du fruit sur les arbres et des racines dans les champs.

— Et dodo?

— Tièdes et doux en cette saison sont à qui veut y sommeiller les bois de la plaine ainsi que ceux de la montagne; et puis quelqu'un me retirera, tout le monde ne sait pas que j'ai le mauvais œil.

— Le mauvais œil ?

— Oui ; l'on prétend dans nos chaumières que partout où je loge les bêtes meurent ; aussi me ferme-t-on la porte au nez en aval comme en amont.

— Tonnerre de dié ! les gens de par ici sont donc plus ânes que leurs ânes et plus porcs que leurs porcs ; on est là ! tes pays ne te verront pas fleurir sous ces rameaux ; est-ce entendu ? je t'emmène.

— Où ?

— Là-bas en cette fière ville où le moindre galopin ose toiser un évêque et dire à Sa Majesté : « tu sais, toi, je t'arrose » Houp-là !... mais une seconde ; minute ! il convient que tu puisses te présenter décemment à ma famille ainsi qu'à mes connaissances; on va te tailler un frac, camarade; attention! ne bouge mie.

En un clin d'œil, l'homme qui ne voulait pas être inférieur au bienheureux nommé Martin, eut découpé dans son vaste burnous « où le môme avait pioncé si crânement » un sarrau, des culottes, une casquette et deux chaussons. Il s'agissait de coudre tout ça! Rien de plus facile! A défaut de fil et d'aiguilles, les diverses pièces du costume improvisé furent reliées entre elles au moyen d'épingles, qui garnissaient, avec mille autres menus objets utiles en voyage, le sac de fantassin d'où le frugal dîner de la veille avait été si opportunément extrait; trois pelotes y passèrent, et quelques clous à caboche plate assujettirent à merveille une semelle d'écorce de chêne à chacun des deux souliers en drap que le tailleur-cordonnier mit aussitôt aux pieds du chétif client qu'il avait tiré de l'abîme où la divine Providence l'avait laissé choir ; et l'enfant, enfin harnaché du cap aux orteils et qui souriait en se mirant dans une flaque d'eau, s'écria, transfiguré :

— *Qué souï poulit !*

— T'a raison de te trouver beau dans ces nippes. Ainsi ficelé, mon cher, et muscadin comme tu l'es naturellement, nos grisettes, là-bas, te reluqueront de tous leurs quinquets. En route, fiston ! Nous avons un fameux bout de chemin à faire pour arriver à la cîme où je perche avec ma vieille et ma jeunette. Ouvre l'équerre et dis bonjour aux *muffes* de cette région, qui, c'est positif, n'attachent pas leurs chiens avec des saucisses; ah! dame, non. En avant... arche!

Ils partirent ensemble, à travers les terres inondées et désolées au-dessus desquelles riait le brûlant soleil estival, et trente longues journées s'écoulèrent avant qu'ils fussent parvenus, errènés et tout poudreux, au faîte de la haute colline d'où soudain, un dimanche, à l'aube, ils virent, au milieu d'un énorme poudroiement d'or, surgir en plein azur un amas de prodigieuses architectures : flèches, dômes, propylées, tours, portiques, arcs de triomphe et colonnes funéraires, étincelant au-dessus d'un océan de toits ardoisés que le matin empourprait de ses traînes sanglantes.

— Est-ce là que nous nous rendons, questionna le blanc-bec qui, n'en pouvant plus, soufflait, affaissé sur une pile de cailloux; est-ce là, seigneur Dieu?

— C'est là, répondit le grison, qui, debout et chapeau bas, s'emplissait les orbites des splendeurs de sa cité natale; oui, c'est bien là, le beau des beaux, le grand des grands, unique en son genre; salue, petit, salue ce colosse!

— Oh! père, il n'y a rien de pareil sous les nues, rien de plus altier ni d'aussi joli! Mais tant las suis-je que je n'aurai jamais la force de pousser jusque-là!

— Si, morbleu! car je t'y trimballerai d'aplomb, moi, fillet, et sur le dos encore.

On l'y transporta vraiment de la sorte; ébloui, fasciné, béant, il y entra sur la brune au moment même où la ville géante, emplie du tumulte des chars, ceignait sa ceinture de feu, sa couronne d'étoiles!.... Et pendant les trois ou quatre hivers qui précédèrent celui de 1870-71 dont les frileux ont gardé la mémoire et les autres aussi, c'est lui, que non loin de la butte célèbre où ne trône pas encore la sacro-sainte basilique votée depuis avec tant d'ardeur par « l'Assemblée la plus librement élue et la plus libérale qu'ait eue la France », c'est lui, ma foi! que les mauvais garçons et les bonnes filles de Montmartre, escaladant ou dévalant les pentes, virent si souvent de six heures de relevée à minuit, tête nue, en sabots, et le corps emprisonné dans une peau d'agneau semblable à celle que les traditions hiératiques attribuent au juif Jean-Baptiste, se trémousser sur le trottoir de la chaussée des Martyrs, à l'angle du boulevard Rochechouart, devant un gril à marrons contre le vantail à demi démantibulé d'une antique porte cochère fermant tant bien que mal une masure aujourd'hui détruite, sur l'emplacement de laquelle hennissent chaque soir à la même heure les chevaux dressés et gambadent les clowns sauvages du cirque Fernando.

— *Castagnas,* bramait ce moutard dépaysé, *castagnas, castagnas caoudas!*

Si peu de gens entendaient mal que cela signifie : marrons chauds! en revanche, tout le monde comprenait à merveille la mimique du jeune barbare.

— Hé bé! lui dis-je en langue d'oc, un soir de Noël qu'il gelait à pierre fendre, en vends-tu beaucoup? autant que tu désires?

— Assez ainsi.

Puis il releva le front et me regarda fixement : « En quel endroit, exprimaient ses claires prunelles bleu de ciel, ai-je vu ce curieux qui s'intéresse si chaudement à mon trafic? »

— Cette année-ci, poursuivis-je,

afin de lui faire prendre le change, on a récolté force fruits sur les châtaigniers en Gascogne comme en Bretagne, et l'*exalade* a beaucoup donné près du bourg que j'habite à trois cents lieues d'ici; mais d'où donc es-tu, toi?

— Moi! puisque vous parlez si lestement mon verbiage, vous devinez bien...

— Non, pas du tout.

— Intrigant! il suffit de m'ouïr un tantet pour savoir que je suis natif d'outre-Loire.

— Oui, mais l'Auvergne est grande; il y a Saint-Flour, Riom, Aigueperse, Clermond-Ferrand, Thiers, Vic-le-Comte, Aurillac, Chaudes-Aigues...

— Et Brioude aussi.

— Brioude! ah! c'est là que tu naquis ?

— A ce qu'on prétend.

— Une bonne ville! et tu t'intitules?

— Sans-Souci.

— Cadet, il me semble que tu te moques de moi.

— Nenni, l'aîné.

— Voyons, on te demande uniment si tu t'appelles Pierril ou Janou?

— Paul.

— Et ton nom de famille?

— Inconnu! Je suis Paul, Paul-des-Blés, ayant été recueilli le jour des Apôtres, dans un champ de sarrasin, sur la paroisse du saint ainsi baptisé.

— Vraiment?

— Oui.

—Ceux qui t'abandonnèrent firent un méchant coup, et, par leur faute, tu dus bien souffrir en ton berceau ; je te plains ! aurais-tu des parents ici, mon gars ?

Une double larme parue au bord de ses cils, y trembla quelques instants, pure et vive ; après quoi, pendant qu'elle lui roulait lourde au long des joues, il se croisa fièrement les bras sur la poitrine et brusque, amer, indigné, m'apostropha de cette façon :

— Ah ! çà, vous, pourquoi m'interroger ainsi ? les mouches abondent en ces parages ! En seriez-vous une par hasard ? Allez, en ce cas, rapporter à votre Badingue que je n'ai jamais crié : Vive Lui ! C'est un ogre, on sait cela, mais qu'il prenne garde à sa peau! Tous ceux qu'il envoya là-bas, jadis, pour y laisser la leur, n'y sont pas tous décédés, et quant aux autres, qui n'en sont pas revenus, ils avaient, en partant, quitté des petits au pays et cette marmaille a grandi!

— Nul n'en ignore, aussi comptera-t-on sur elle au moment voulu; ta main? nous sommes d'accord, ami; le citoyen qui te secourut, t'éleva, t'instruisit, a fait de toi, mon cher, un homme.

— Oh! s'il pouvait aujourd'hui vous entendre!

— Il ne serait donc plus là, ce vaillant?

Une nouvelle hésitation se manifesta sur les traits expressifs et douloureux de l'orphelin.

— Hier, répliqua-t-il enfin, avec quelle mélancolie! et ne doutant plus de moi, j'avais encore celui qui me servit de père. Un brave, un loyal, un cœur d'or! Abouchez-vous à son sujet avec ceux qui demeurent tout là-haut, sur cette crête, et vous saurez d'eux ce que fut Yves Saubourd, de la rue des Rosiers. On en vante qui ne le primeront jamais. Ah! s'il n'avait pas été si *libéral*, il respirerait à cette heure, et je l'aurais toujours avec moi.

— Mort! est-ce possible? il est mort! Et depuis quand? où? comment?

— En mai, monsieur, près d'ici. Nous soupions chez nous, sur le tard; il était assis entre sa fille et moi. Pan! on crie au feu! Sans balancer nous descendons de notre nid, sous les toits, et dans la rue, on nous apprend que l'usine à gaz du sieur Cuculli-Bèze, un Corse! brûle et que la femme de cet industriel, une paralytique, est au milieu des flammes avec ses quatre enfants. « Allons-y, mon drôle, allons-y, viens, cours! » Il va, le crâne vieux, je vais, et nous débouchons, tout essoufflés, au-delà du moulin de la Galette, devant une maison cossue qui flambait comme de la paille, de haut en bas! « Suis-moi, dit mon père adoptif, et tâchons de sauver la graine de ce mauvais riche! il est de la bande à Boustrapa qui nous mange le poil sur les reins, qu'importe! à cette heure, il s'agit de montrer aux *honnêtes gens* ce que sont ces ivrognes et ces fainéants qu'on mitraille chaque vingt ans afin de leur apprendre à se mêler de ce qui les regarde! Arrive vite. » Et le voilà reparti. Je me lance après lui, nous trouons la foule abasourdie de notre aplomb. « Ils sont fous, ces deux-là, disait-elle, ils sont toqués! » Entendant tout, n'écoutant rien, nous entrons seuls dans la fournaise. Un étroit corridor est par nous sans encombre franchi, mais la fumée nous aveugle et l'escalier carbonisé que nous montons se gerce et craque sous nos pas. O misère!... A peine étions-nous sur le palier du premier étage où des pompes jouaient, tout croûle et je tombe au fond d'une espèce de cave entre deux grosses poutres fumantes, sous un tas de plâtras, presque étouffé, tandis que non loin de là, mon père, mon vrai père, s'abîme au cœur d'un brasier, rouge comme le sang. « Adieu, fils, adieu ! je suis rasé !... veille à la mignonne et cogne pour Marianne, à l'occasion ! » Oui, je les entends toujours, ces paroles-là ! Pauvre cher dévoué ! j'essayai d'aller à lui, mais mes jambes étaient prises comme dans un étau. Désespéré, je me tordais les membres et l'haleine me manquait. Tout à coup, plusieurs mains me cramponnent et j'entrevois dans les ténèbres épaisses des casques de cuivre. On m'arrache du gouffre, on me traîne au grand air, puis deux pompiers m'emportent dans notre mansarde, évanoui. Là les baisers de ma quasi-sœur Virgî me raniment et je m'éveille, ne me rappelant plus rien. « Et Lui? me demanda-t-elle, où l'as-tu quitté? » Je me souvins de tout alors. « Il a péri, celui qui ne vivait que pour nous, il n'est plus! nous ne retrouverons pas même ses cendres! il n'ira pas reposer, selon ses vœux, dans la fosse commune où l'on enterra l'an passé ta mère qui me chérissait autant que si j'avais été le sien! il est mort, notre ancien, et quelque gaillard très étoffé nous cornera peut-être aux oreilles : « Eh! tant pis pour ce va-nu-pieds, un braillard de moins! on n'avait aucun besoin de lui chez Cuculli; fallait pas qu'y aille! ce vieil insurgé, qui, pour sûr, serait revenu tôt ou tard à Cayenne! » « Oh! me répondit la digne fille, si jamais on touche à celui-là, devant nous!... » « Entendu! nous fermerons le bec aux aboyeurs! » On s'embrassa là-dessus, ensuite, on pleura ferme. Et voilà cette histoire qui n'est pas gaie et que vous saviez peut-être... oh! je vous reconnais bien à présent, je vous remets, vous étiez un ami de celui que nous avons perdu; tenez! il y a des moments où je regrette qu'il ne m'ait point laissé là-bas, en Limagne, au fond du fossé...

— Raidis-toi, garçon, un peu de courage!

— On ne manque pas de cœur, reprit-il, en essuyant ses yeux d'azur où brillait une indomptable énergie et l'on travaille comme un cheval afin d'être un jour, si faire se peut, tranquille en ménage avec celle qui sera mienne, oui! car, par toutes les étoiles d'en haut! je l'aime non moins que j'en suis aimé.

— Quel âge a-t-elle?

— Un peu moins de quinze ans, et moi, son prétendu, dix-sept ans et demi.

— Charmante, sans doute; et dégourdie?

— On vous en répond! Une fleur rose et blanche, qui marche, embaume, chante, luit. Et sage! une image. Et, sapiente! il ne dépend pas d'elle, non! que je ne sache pas encore les lettres de l'alphabet; enfin, économe! elle donne aux autres tout ce qu'elle a, mais, pour nous, c'est différent, elle couperait un centime en quatre; aussi ferons-nous peut-être fortune...

— Hum! ce n'est point très aisé, cela.

— Que si! Le magot va bien; nous avons déjà mis de côté vingt-quatre pistoles.

— Avec deux cent quarante francs, on ne va pas très loin, je t'assure.

— On ira pourtant, l'année prochaine, aux houilles de Decazeville, en Aveyron, et l'on en reviendra muni. Patience. Avant peu, nous aurons par ici, *Diou me damne!* boutique sur rue, elle et moi; vous verrez, on s'en charge! et lors, ayant suffisamment étudié, je parlerai parisien aussi bien que vous, seigneur...

Hélas! Jacques Bonhomme propose et parfois Bonaparte dispose!

On voudrait aller au fond de quelque province entreprendre un négoce et l'on s'en va, giberne au flanc et fusil sur l'épaule à la frontière, sans avoir cependant dépassé les portes de la capitale ou du moins les limites du grand département. Tel fut le cas de ce maigre enfant trouvé, que l'année suivante, « l'année terrible ! » revenant des remparts avec mon bataillon, je rencontrai proche les Tuileries, flanqué d'une délicieuse et martiale vivandière, en vareuse comme lui, comme lui portant la carabine et le képi, marchant crânement comme lui derrière une dizaine de chasseurs bavarois faits prisonniers sur les bords de la Marne, à Petit-Bry, je crois, par la poignée de francs-tireurs qui les escortait, et dont il était, me dit-on plus tard, et l'orgueil et la joie.

— Ohé! pays ?

Il se retourna, boueux, enjoué, noir de poudre, éclaboussé de sang, m'aperçut hors les rangs, bondit jusqu'au trottoir où j'avais pris pied, et pendant qu'il s'approchait brandissant triomphalement le casque à chenille de quelque officier transrhénan, expiré loin d'une tendre Greetcheen ou d'une inconstante Mina, je remarquai que sa naïve figure agreste, encore imberbe et tout encadrée de magnifiques cheveux bouclés, aussi fauves que ceux des inflexibles montagnards de Vercingétorix, ses ancêtres, avait deux ou trois glorieuses balafres, dont l'une récente.

— Ah ! *voun Diou !* s'exclama-t-il en élevant en l'air le trophée qu'il avait conquis ; *aimaioî ta pla, crèses-me, vendré de castagnas al pè del pech !*

— Oui, je conçois très bien qu'il te plairait autant de débiter des marrons au pied de la colline où tu résides ; néanmoins, je t'en félicite, tu ne rechignes point à la besogne et tu remplis à souhait ton devoir de patriote.

— *Un bouci maî què lon nou-mat Trochu!*

— Mieux que lui, je n'en doute pas ; s'il marchait comme ses ouailles, il irait beaucoup trop loin, cet excellent abbé ; mais, j'en ai peur, son plan...

— *Abourcara commo mous carbous!*

— Ils sont donc flambés tes pauvres charbons avant d'avoir pris feu?

— *Flambatz!*

— Au diable le patois! Exprime-toi, je t'en prie mon brave, en français.

— Sabi pas encore prou cette lenguo! ça vindra! La République ès bè vengude, elle, et, perchè, nous l'avons enfin attrapée, nous la garderons...

— Ou bien nous serons démolis, biribi, sonna comme une cloche à mon oreille une voix gouailleuse et fraîche; à la façon de Barbarie, mon ami!

Je fis volte-face et me trouvai vis-à-vis avec la maigre et nerveuse cantinière que j'avais entrevue un moment auparavant à côté de Paul-des-Blés.

— Admirez! s'écria-t-il, il n'y en a qu'une seule au monde et la voilà! C'est Virgî...

Gamine de Paris et faubourienne pur sang, la fille du colporteur Saubourd, en dépit de ses formes trop sommaires et de ses traits assez incorrects, était vraiment très séduisante avec ses airs garçonniers, son nez de caniche rageur et les deux gros grains de beauté, noirs comme de l'encre, placés : l'un au coin d'une bouche un peu grande, il est vrai, mais si somptueusement garnie! l'autre entre les sourcils, bandés comme des arcs ; et sa crânerie se rehaussait encore de l'éclat extraordinaire de ses petits yeux verts d'émeraude, enchâssés, ces aimables coquins, sous un front bombé, laiteux, ombragé d'une forêt de cheveux couleur de feu, plantés là droits et drus, ainsi que des brins d'herbe rubéfiés par le soleil sur une motte de marne.

— Ah! ta promise?

— Oui, *quercynois;* elle-même, la Rouge! elle est bien nommée, est-ce pas, capitaine?

— A merveille!

— Et si lui, puis moi, nous nous collons, intervint-elle avec une innocente effronterie, il n'y a pas de danger qu'on fasse des moricauds, hein! Allez, ils seront bons là, nos gosses aux poils roux, et, s'il le faut, tout celui de leurs veines qui ne sera pas blanc, autrement ils seraient bâtards! s'épandra sur le même terrain où le nôtre aura coulé !... Quoi? c'est ainsi! tous ceux de notre race aiment mieux crever sur un tas de pierres qu'entre des draps de lit, et, dame ! je m'imagine des fois que mon homme et moi nous claquerons à la croix d'un carrefour, en plein air. Rien de plus rigolo! rien de plus chic!... Qui vivra verra. Viens-tu, mon loup!

Paul lui fit signe de prendre le devant, et tandis qu'elle rejoignait au pas gymnastique les francs-tireurs qui se remettaient en marche après s'être un instant arrêtés, avec leurs captifs, sous le balcon monumental d'un palais de la rue de Rivoli :

— Ma foi, murmura-t-il en la

couvant d'un œil fou d'amour, m'est avis qu'elle est un peu sorcière; une fois les Prussiens partis, il faudra, je le sens, s'arranger avec les réacs qui ne sont pas du tout raisonnables; on en découdra, que voulez-vous, si c'est forcé !

— Ce serait un malheur ! et nous pourrions y perdre ce que nous avons gagné; tout souffrir avant d'en venir là...

D'un geste très net, très résolu, tranchant comme un glaive, il me marqua combien grande était contre les classes dirigeantes, moins jalouses, selon lui, de trouer les rangs germaniques que de conserver leurs propres priviléges, l'indignation de ses humbles compagnons d'armes, et voilà que, plein de cette fièvre patriotique et révolutionnaire qui brûlait tous les plébéïens de la ville assiégée, il se prit à m'exposer en pur dialecte auvergnat, pimenté de quelques termes d'argot parisien, les aspirations grandioses de ce peuple de prolétaires déjà voué par Rome et les Lys à de sombres destins ; institution des Etats-Unis d'Europe, proclamation de la République universelle sur les ruines de tous les empires, abolition, non-seulement des monarchies, mais des oligarchies, souveraineté nationale effective à l'intérieur et la guerre tuée dans le monde par la ligue internationale des travailleurs, il me peignit dans son jargon imagé, coloré, véhément, tout ce magique programme de la démocratie militante, à peu près tel qu'il était alors analysé, débattu chaque soir et chaque nuit, en mille clubs et derrière les bastions, partout où les soldats-citoyens, veillant sur l'ennemi du dedans avec non moins d'âpreté que sur l'ennemi du dehors, se préparaient à combattre le bon combat; et moi, j'admirais, en écoutant ce volontaire illettré dont l'éloquence naturelle eût enflammé des pierres, combien profonde et mystérieuse est la puissance de transfiguration qu'exerce Paris, le prodigieux Paris, sur les parias même les plus rétifs et les plus incultes. Orateur, ce paour qui ne parlait pas et comprenait à peine la langue de ses coreligionnaires par lesquels il avait été instruit au bivouac comme au cercle, orateur, il l'était depuis hier: héros, il le serait demain! et qu'il vécût, il saurait trouver en se replongeant dans le sublime alambic d'où naguère il était sorti tout bouillonnant et tout métamorphosé, ce qui lui manquait encore pour être un homme; ayant déjà le verbe et l'action, il aurait, dès lors, cette intelligence pénétrante, faite d'éclairs et de larmes, qui caractérise la sainte canaille, selon Barbier, et, d'après Thiers, cette vile multitude à qui l'on doit les coups de foudre du 14 juillet, et, plus tard, 1830, 48, etc... « Nenni, nenni! s'écria-t-il, en me montrant au loin le génie de la Liberté planant à l'endroit même où jadis, sinistre et menaçante, se coudait la Bastille, on ne nous coïonnera pas cette fois-ci, comme les autres; vaincre ou mourir! tel est aujourd'hui notre devise, et nous ne broncherons pas! » enfin, après m'avoir attendri jusqu'aux pleurs et touché jusqu'aux moelles en me racontant comment, au lendemain d'une sanglante bataille livrée sous les forts aux envahisseurs, étant rentré assez grièvement blessé dans nos murs et tombé par hasard au milieu d'une réunion publique, celui qui la présidait, notre Homère, aussi grand que l'ancien, ne pouvant étreindre la foule qui l'acclamait avec transport ni donner l'accolade à tous les fils de ceux dont, à proximité de la patrie fermée par la bande famélique de décembre aux défenseurs de la loi, sur les grèves hospitalières d'une île normande, il avait immortalisé les légitimes colères et les droits si souvent méconnus! s'était complu, deux fois de suite, à l'embrasser sur une estrade, lui, le plus ignorant de l'assemblée et peut-être le seul qui n'eût pas lu, faute de savoir lire, pécaïre! ces deux bibles nouvelles, les *Misérables* et les *Châtiments*, il me quitta, disant, tout pénétré de reconnaissance, en son patois pittoresque et musical :

— On s'en souviendra toujours, *milo Dious!* toujours, de ce noble baiser-là!...

Quand, de ce calame elliptique qui traça plus tard dans les plaines de la Cappadoce le fameux *Veni, vidi, vici*, Jules César écrivait en ses *Commentaires* que les Arvernes, entre tous les Gaulois, sont tenaces, intrépides, fidèles en amour et dévots aux bardes, il ne se trompait point, et ce philosophe d'il y a plusieurs siècles eut raison aussi d'enseigner que l'âme des nations étant éternelle, on retrouve toujours chez les derniers-neveux le caractère distinctif des premiers ascendants. Simple et rude comme le tronc paternel, l'obscur surgeon du grand arbre celtique, *ferox semper piusque*, prouva bientôt qu'il n'était point dégénéré. Paris alors avait déjà subi la souillure des hordes du Nord et l'on se battait avec rage de Vaugirard à Pantin, de la barrière du Trône à la porte de Neuilly, citadins contre rustiques, Français contre Français, hélas! pendant que les

Allemands, encore étourdis de leurs louches triomphes et toastant la santé « du glorieux maréchal », leur utile auxiliaire, qui promène aujourd'hui sa carcasse graciée à travers l'Europe, assistaient du haut des crêtes boisées de Montmorency et de Sannois à l'embrasement de l'héroïque ville qui, n'ayant pas capitulé comme son pâle gouverneur, elle, cherchait à s'ensevelir sous ses ruines, préférant le néant au roi bigot dont elle s'était cru menacée! Or, la lutte fratricide touchait à sa fin et, seules, quelques barricades, obstinément défendues par les débris de l'armée urbaine, tenaient çà et là sur le plateau de Belleville. Encombrée de morts et de mourants, une d'elles avait, quoique éventrée par les crachats des canons, arrêté dix fois au moins les colonnes versaillaises lancées à l'assaut et plusieurs pièces d'artillerie, braquées contre ses épaulements, la couvraient encore de mitraille. Huit à dix hommes valides, mais manquant de cartouches, s'y trouvaient avec une femme portant piquée à son chignon une rose en guise de cocarde et, debout sur ce tas de pierres branlantes, soufflant à tous les cœurs la vengeance dont le sien était altéré. Fuir, aucun n'y songeait; tous voulaient finir-là, n'ayant pu vaincre ailleurs. Soudain, cheveux épars et seins nus, l'amazone cria :

— Citoyens, ils reviennent, les voici! Marins et lignards, ce sont les mêmes qui, là-bas, en cette impasse ont fusillé tantôt des antiques et des mômes; un dernier coup de collier! roulons.

— Hardi! répondit une voix gasconnante, hardi! qu'ils approchent ces oiseaux-là! j'en abattrai le plus gaillard!

Et, gouailleur entre de nombreux gardes nationaux hors de combat et parmi le sang empourprant le pavé, se souleva sur ses jambes fracassées par quelque éclat d'obus, un blondin blême comme la cire, ayant le ruban jaune et vert de la médaille militaire à l'une des boutonnières de sa capote d'uniforme usée jusqu'à la corde et tenant dans ses doigts équarris un long revolver envermillonné.

— Paul?

— Hé! Virginie?

— On n'a plus rien à mettre en son flingot, mon fils, et les chouans sont là.

— Pauvres bêtes!

— Si, tout à l'heure on ne nous a pas menti, la rue est minée; ousqu'est la mine? hein, toi le sais-tu? dis-le, je fais tout sauter, eux et nous avec.

Une pluie de fer lui coupa la parole et cinq minutes durant on la vit environnée de fumée et d'éclairs, courir, invulnérable, entre ciel et terre, en agitant au-dessus de sa tête un guidon et montrant sa poitrine aux soldats...

— Ohé! buvez, si vous avez soif; mangez, si vous avez faim, mes petits agneaux!

Et, prise tout à coup d'un rire terrible, elle arracha de son flanc ouvert depuis deux secondes, par une grenade, un lambeau de chair, et le leur jeta.

—Bravo! Virgl, bravo!

—J'en tiens! répliqua-t-elle en se retournant, tant mieux, mon chien; oh! je n'en suis pas fâchée, va! nous filerons ensemble; c'était écrit.

On entendit au loin des rauquements de mitrailleuses et l'air déchiré gémit.

— Allez-y, les moulins à café; c'est pas malin, çà; tournez la manivelle, aïe donc... chéris, bichonnets de mon cœur; au pas; au trot; au gal...

Elle s'abattit en arrière foudroyée

et, comme la troupe arrivait en masse au pas de charge et le yatagan au bout du chassepot :

— A bas Landerneau! s'écria-t-elle en se relevant sur son coude, et vive Paris!

Un tel blasphème méritait d'être, et sur l'heure, inexorablement châtié ! Condamnés à mort d'avance et bien résolus d'ailleurs à ne point reculer d'une semelle, les fédérés, à l'aspect des ruraux qui bondissaient écumants, tendirent le cou... mais le plus vieux d'entre eux, vétéran de 1830 et de 48, gavroche septuagénaire, un de ces farceurs épiques comme il n'en pousse que sur les bords de la Seine, eut une idée et, la bouche narquoise :

— Amis, histoire de batifoler, embêtons une dernière fois ces bons villageois!... Houp-là! rondement, et puis après, amen, en route pour l'éternité!

Tous ses camarades ayant compris le geste qui suivit cette boutade épaulèrent ensemble leurs fusils non chargés, et cette vaine grimace intimida si bien les assaillants qu'ils rompirent en désordre, ces paysans du Sud, du Nord, de l'Est, de l'Ouest, et s'abritèrent de chaque côté de la rue, dans l'encadrement des portes closes, sous les linteaux criblés de balles.

— Sacrés cornichons! hurla sabre en l'air une grosse épaulette furieuse d'avoir eu peur, reformez vos rangs, chargez! sus aux gredins! ...arche!

Et, monocle à l'œil, cigarette au bec, un sous-lieutenant frais échappé de Saint-Cyr qui se voyait déjà lieutenant-général ou maréchal de France, ajouta :

— Feu !

Sur-le-champ, par les fenêtres d'une bicoque à moitié démolie, dominant le tas de pavés derrière lequel les gredins s'applaudissaient du succès de leur dernière frasque, une mousquetade assez nourrie éclata. Tous tombèrent, tous, sauf le moins âgé, celui qui, de ses mains crispées, serrait la crosse d'un pistolet d'arçon.

— Nom de Dieu ! pas de quartier ! reprit l'officier supérieur, enlevez-moi ça !

Grenadiers et matelots, les troupiers épars sous les auvents, se rejoignirent et s'avancèrent lentement, prudemment vers la barricade béante au sommet de laquelle flottait, surmontée d'un bonnet phrygien et ne tenant plus que par quelques fils à la hampe, une loque écarlate, le drapeau. Presqu'étendu devant la brèche sur les cadavres tout chauds de ses frères d'armes, ses cheveux d'or pâle mêlés à la crinière d'or rouge de sa fiancée, et mariant ce qui lui restait de souffle au souffle à peine sensible de l'agonisante, Paul-des-Blés, implacable, attendait les vainqueurs de Paris dont un, au moins! avant lui devait mourir : il l'avait juré. Grave, pensif, ridé, les yeux doux et vagues, un sapeur en barbe grise, quasi blanche, et qui marchait à la tête de sa compagnie, apparut le premier, respirant la douleur et la pitié!

—*Moun Diou!* dit le jeune communard en abaissant l'arme dont ses doigts pressaient la détente, il ressemble trait pour trait à *moussu Bittor Hugo!...*

Deux féroces conscrits, avec leurs baïonnettes, lui clouèrent dans la bouche sa langue qui venait de prononcer ces pieuses, ces saintes paroles, et le bon vétéran tremblant de tous ses membres, s'étant agenouillé sur le sol, aussi gluant que le carrelage d'un abattoir, laissa tomber une larme sur le corps de l'enfant miséricordieux qui lui avait fait grâce.

— Où diable a-t-il tant bu? ricana poing sur la hanche et tête au vent le major entré dans la redoute ; il a le vin b...., tendre, ce chevronné-là !

Sèvres, 4-11 *septembre* 1878.

L'ANCÊTRE

L'Ancêtre.

« Quand apparut la République
Dans les éclairs de Février,
Tenant en main sa longue pique,
La France fut comme un brasier. »
Chant des Paysans. — P. DUPONT

Trois heures de l'après-midi sonnaient...

Au dernier tintement de l'horloge, les cinq cent-trente-trois représentants du peuple que la France avait élus contre le gré des Broglie et des Buffet, prirent place sur les bancs de l'éphémère édifice expressément construit naguères, inauguré ce jour-là.

Quasi-religieux, un grand silence régnait.

Tout à coup, en dehors de l'enceinte, où devaient être débattus les droits si longtemps contestés et toujours méconnus de la nation, hier serve encore et demain peut-être souveraine, un long roulement retentit...

Au banc ministériel, les récents titulaires étreignaient leurs portefeuilles si difficilement acquis et déjà fuyants.

Suivi des plus jeunes membres de l'Assemblée appelés, selon le règlement en vigueur, à composer le bureau provisoire, un vieillard, auréolé de cheveux blancs, vêtu de noir et la boutonnière vierge de toute marque d'infamie ou de bassesse, apparut.

Tandis que les tambours, sous le vestibule, battaient aux champs, il monta gravement au fauteuil présidentiel.

Aussitôt qu'il s'y fut assis, il considéra d'un regard bref et vif la délégation nationale qu'il avait à présider, ce jour-là seulement, par bénéfice d'âge...

Un sourd brouhaha s'élève soudain parmi la minorité clairsemée qui siégeait à droite et vers le centre ; mais les gauches en masse éteignirent immédiatement cet hostile murmure et par trois fois poussèrent ce cri sacré :

— Vive la liberté! Vive la République!

Or, pendant que contraints d'avaler les apostrophes factieuses qui leur brûlaient la gorge, les fauteurs de la tyrannie humaine et divine baissaient honteusement la tête et que, d'autre part, les défenseurs de la Révolution enfin triomphante tendaient, dans un pieux délire, les bras au ciel, lui, l'ardent octogénaire, en qui s'incarnait l'héroïsme des générations antérieures, lui, le vétéran du forum, dont le nom était synonyme de vertu, lui qui, peu de jours auparavant, expiait sous les verroux une dernière explosion de bravoure, lui, père-conscrit de la démocratie française, vaillant entre tous les vaillants, enfin lui à qui la fortune avait réservé ce double honneur mille fois mérité : vingt ans de prison et une heure de suprême magistrature, il accueillait, avec simplesse et comme un hommage adressé à la grande réparatrice qu'il avait toujours servie, les salutations de ses collègues, fils ou petit-fils de ses glorieux compagnons de 1830 et de 48.

— Enfants, dit-il, d'une voix ferme qui porta jusqu'aux dernières travées, citoyens !...

Attendrie au premier mot, transportée au second, l'Assemblée d'un mouvement électrique, acclama le vieux tribun, et l'ovation fut telle qu'il s'en émut. On le vit pleurer, ce stoïcien impeccable, ce rigide que le sort contraire ne put abattre et qui n'avait jamais faibli. Se maîtrisant à la fin, il releva son front vénérable et tous les députés virent ce qu'aucun de ses geôliers n'avait vu : la trace de ses larmes. Encore tout frissonnant de joie, il étendit les mains...

— Silence, écoutez !

On se tut.

Il parla.

Remontant aux premiers jours de son enfance, il dit le liberticide sacrilége de Bonaparte et combien dures furent, après l'agonie de la grande République, les épreuves échues à tous les cœurs qui lui demeurèrent fidèles ; il dit les amertumes et les misères de l'invasion en 1814, en 1815, et les secrets conciliabules tenus un peu plus tard par la jeunesse française, impatiente de secouer le joug d'un roi capucin, il dit les trois Glorieuses de Juillet et les cruels déboires des héros dont le sang coula dans ces journées immortelles, et qui, délivrés du Bourbon, eurent à subir un d'Orléans ; il dit la corruption organisée par Guizot et le réveil du Lion, il dit les efforts de la plèbe redevenue le Peuple et son écrasement par les sicaires de toutes les réactions conjurées ; il dit le Coup d'État, toutes les turpitudes et tous les industriels de 1851 : Fialin, Canrobert, Sibour, Saint-Arnaud, Maupas, Troplong, Morny, les commissions mixtes, les transportations, les fusillades, la longue orgie impériale, hoquetant à l'Élysée et vomissant aux Tuileries, où les sabretaches teintes du sang populaire répandu sur le boulevard Montmartre et ailleurs s'essuyaient aux somptueuses traînes de velours et de soie ; il dit toute la bacchanale menée par ce ruffian que les rois traitaient de cousin et ses valets de sire; il dit la fin de ce somnambule couronné qui nous valut le démembrement peut-être irrémédiable de la patrie et la mort ou l'exil de tant de braves ; il dit les hypocrisies et les enlacements du papisme pendant la période contemporaine; il dit tout, et telle fut sa dernière parole :

— Républicains élus de France, jurons de ne pas nous séparer avant d'avoir à jamais institué la République !

Solennel, il leva la droite et chacun l'imita. Pour la seconde fois en un siècle, Versailles entendit des promesses sacramentelles : les petits-neveux des grands insurgés de 89 avaient renouvelé le serment du Jeu-de-Paume... Hélas ! on s'y fiait, et qui ne l'eut cru ?

Paris, 9 *Mars* 1876.

UNE MAUDITE

Une Maudite.

> Ah ! c'est le cri de la nature :
> Il faut du pain, il faut du pain !
>
> *Le Pain.* — PIERRE DUPONT.

Zélia, Lili Croque-Mort, ou plutôt Veuve Vive-la-Joie, comme l'appelaient par dérision les joyeuses luronnes du boulevard des Ternes, ayant dénoué ses lourds cheveux blonds récemment calamistrés, effleura d'œillades furtives ses mains qui restaient toujours *gantées*, et s'offrit, quasi nue, au gommeux entre deux âges ainsi qu'entre deux vins qu'elle avait amorcé. .

— Sieds-toi, *monsieur* ; regarde-comme je suis belle ! et prends-moi, si ça te plaît.

Il s'étendit à plat ventre sur le divan aux couleurs tapageuses qui, rehaussant cet humble boudoir, lui prêtait à la clarté molle de deux lampes d'albâtre une certaine apparence de luxe, et s'étant étiré les quatre membres, il bâilla, puis il la contempla nonchalamment de cet œil connaisseur avec lequel maquignons et gentilshommes étudient la structure des pur-sang.

— Hé ! hé ! bourdonna-t-il, tu dégotes la Médicis et la Milo !

Grande, svelte, et cependant assez charnue, elle avait dû, vierge naguère, être l'orgueil de quelque faubourg, et plus d'un papillon de barrière s'était autrefois brûlé sans doute à ses ardents yeux noirs, éteints, hélas! aujourd'hui; car toute flamme meurt vite sous les larmes, et la créature, évidemment, avait beaucoup pleuré...

— Qu'as-tu, toi? pourquoi pâlir ainsi, mon ange?

Elle essaya de sourire à cet amant de rencontre, et lui, brutal, lui cynique, à qui les fleurs flétries ne répugnaient pas, s'approcha d'elle afin d'en respirer les derniers parfums, si doux encore quoique corrompus.

— Oh! fit-elle avec une ineffable horreur; oh!

Puis, machinale, elle se livra.

L'étrange libertine, elle avait eu des velléités de révolte et le geste indigné d'une honnête fille! à quoi songeait-elle ainsi?..,

— Maman, ah! maman! maman chérie!

Elle se redressa toute échevelée, et bondit, chaude encore des souillures du passant, vers une petite porte intérieure derrière laquelle avait retenti ce pressant et déchirant appel...

Les deux anges étaient là suffoquant dans une étroite chambrette pleine de fumée et de feu. Comment s'était allumé le grand berceau dans lequel, depuis près de six ans, ces jumeaux dormaient côte à côte, frère et sœur, celle-ci blonde comme sa mère et celui-là brun comme... l'absent?

— Héléna ! Robert !

Et plus blême que la cire qui fondait dans un chandelier de fer-blanc posé contre un escabeau, l'impudique, oubliant sa nudité, se jeta à corps perdu sur les frêles enfants qu'elle avait conçus et qu'elle avait nourris. En un clin d'œil leurs langes à demi-consumés disparurent sous un évier et de l'eau, de l'eau coula sur les étincelles pétillantes qui jonchaient le carreau. Dès que cet incendie fut étouffé, la douloureuse mère couva des yeux ses chers petits. A part quelques légères ampoules, ils étaient sains et saufs. Éperdue de joie et délirante alors, elle décrocha du mur un cadre d'ébène surmonté d'une branche de chêne aux feuilles racornies et l'étreignit désespérément sur son sein banal.

— O Marius, s'écria-t-elle, ô Marius, si tu veux les revoir, reviens, reviens !

Et saintement elle baisa le portrait du banni.

Toi ! toi !

C'était une tête pensive et fière que celle de l'époux dont elle, pauvre femme, attendait en vain le retour, et ce plébéien qui, jadis, au temps du siége, tomba grièvement blessé sous les balles prussiennes à Montretout, avait vraiment bel air sous la capote poudreuse du soldat-citoyen...

— Oui, oui, c'est un bon type de communard !

Elle se retourna d'une seule pièce

à cette voix gouailleuse, mais attendrie pourtant, et vit au milieu du réduit le bourgeois en goguette qu'elle avait ramassé dans la rue. Folle d'épouvante à l'aspect de cette figure étrangère, qui lui rappelait brusquement tous les infâmes travaux nocturnes auxquels elle était condamnée depuis si longtemps déjà, la misérable rougit sous son fard et, rongée jusqu'à l'âme, courba le front.

— Ton mari, peut-être! ce fédéré? ce « brave » en uniforme de garde national?

Au lieu de répondre, elle se *déganta* comme à regret et montra sa droite qu'une roue de machine avait affreusement mutilée; après quoi tenant le moignon dans sa main gauche valide, elle promena ses bras ainsi joints sur les soyeuses chevelures de ses enfants serrés contre elle, et considérant l'image sévère du transporté :

— Pardon ! murmura-t-elle, il leur fallait du pain... et je n'en peux plus gagner pour eux en travaillant !

Une bourse roula sur le parquet avec un bruit métallique, et l'innocente victime de nos discordes intestines ouït d'abord un long cri de terreur, puis le pas hâtif et saccadé de l'homme qui s'éloignait... totalement dégrisé.

Paris, 18 *Mars* 1876.

CHEZ LES MORTS

Chez les Morts

Qui n'a ses deuils! il y a cinq jours, seul, car où sont les amis qui vous escortent quand on souffre? je gravissais mélancoliquement les pentes internes du cimetière de l'Est.

— Trente-septième division, huitième section, neuvième ligne? demandai-je au fringant gardien qui se rengorgeait dans sa tunique bleu de ciel en face du sépulcre où ne geint plus le poète tant ulcéré, des entrailles duquel avaient autrefois jailli ces vers, inscrits là, depuis lors, par ses fidèles, au-dessus de son cœur enfin apaisé :

« Mes chers amis, quand je mourrai,
Plantez un saule au cimetière,
J'aime son feuillage éploré,
La pâleur m'en est douce et chère,
Et son ombre sera légère
A la terre où je dormirai... »

— Prenez l'escalier que vous avez devant vous, me riposta le faraud, et puis obliquez à droite ; au bout de cent cinquante à deux cents pas, vous rencontrerez là-haut une chapelle en marbre noir où sont gravés des pigeons et des triangles d'or ; c'est par là.

— Bien !

Et je quittai ce bellâtre en train de sourire à des conquêtes imaginaires.

Il était trois ou quatre heures de relevée; un vif soleil automnal épandait indifféremment ses rougeâtres rayons divergents sur les riches mausolées qui protégeront toujours les ossements des mondains qui naguère étaient quelqu'un, et sur la fosse commune où pèle-mêle, gisent provisoirement les reliques des humbles qui ne furent personne ici-bas. L'égalité pour qui tant de héros sombrèrent, ne règne pas même là! Pourtant, dans cette vaste nécropole, l'astre qui luit pour tous, éclairait avec autant d'impartialité la poussière des petits que celle des grands...

— Halte, dit une voix brève, sortie de je ne sais où, nous y sommes; la neuvième ligne commence à ce poteau.

Renseigné de la sorte, je me glissai dans une étroite allée ourlée d'ifs et, près d'un groupe de cyprès, moi, qui ne puis croire à la résurrection des êtres anéantis, je m'inclinais douloureusement devant la pierre tombale, au-dessous de laquelle, bien que je n'aie pas plus que tant d'autres, mérité ce privilége! reposent les cendres sacrées de ceux qu'après me les avoir donnés, l'aveugle nature m'a repris. A jamais inertes les lèvres maternelles! Et ce front filial à jamais glacé! Combien de temps demeurai-je auprès de mes regrettés défunts, inconscient de l'heure et de moi-même? je l'ignore; un sanglot lourd et profond m'éveilla. Je levai la tête et, non loin d'un pompeux cénotaphe érigé à la mémoire d'un illustre palinodiste, j'aperçus une femme du peuple, belle et jeune encore qui, guidant ou plutôt entraînant deux enfants en bas-âge, vêtus de noir comme elle et comme elle ayant à la main des bouquets d'immortelles, marchait, roide et rapide vers un basfond herbu, borné d'une sombre muraille, excoriée dans toute sa largeur et criblée de trous ronds.

— Ah! voilà l'endroit; ici, garçons, c'est ici!

— Quoi, maman, interrompirent ensemble les deux innocents blondins, quoi donc?

— Ce mur!...

— Eh bien?

— Ils étaient plus de mille ceux qui périrent là, voici déjà six ans, par une triste matinée de mai; parmi ces victimes se trouvaient mon unique frère et celui que, dans vos berceaux, enfants, vous m'avez tant de fois réclamé.

— Papa?

La plébéienne tressaillit, et pâle, toute frissonnante, s'étant placée sur un tertre recouvert d'un amas de feuilles enlevées par les brises d'octobre aux arbres dont ce champ funéraire était bordé dans tout son circuit, elle contempla religieusement le terrain inégal et tourmenté qui l'environnait...

— Oui, répondit-elle enfin, en pressant contre sa maigre poitrine haletante, les têtes de ses fils; oui, l'heure est venue de vous dénoncer cette infamie. Il vous souvient, n'est-ce pas, de ces longs jours de famine où, transis de froid, vous pleuriez tous les deux en me demandant du pain... Ah! vous étiez si petits alors, que vous avez peut-être oublié cela; mais vous vous le rappelez, *lui*, quand, de loin en loin, il revenait tout sanglant et tout boueux d'au-delà des remparts. S'il nous aima fort, il aima plus encore, et je n'en étais pas jalouse, la République! « On ne nous la ravira pas, affirmait-il souvent, elle est à nous, c'est notre récompense et nous ne l'avons pas volée! Hélas! il crut bientôt qu'elle était menacée, et pensant la défendre, il ressaisit ses armes qui se rouillaient dans un coin, sous notre toit, depuis que des Français indignes d'un tel nom avaient capitulé secrètement et remis les clefs de Paris à la Prusse. « Au revoir et peut-être adieu ! me dit-il une ou deux heures avant le suprême combat. Elle vivra où je mourrai. » Mais eux ! criai-je, lui montrant la couche où vous autres, mes mignons, vous sommeilliez côte à côte, eux, les pauvres ? » Il s'approcha de vous, tout tremblant ; tandis qu'il baisait vos fronts, de grosses larmes jaillirent de ses yeux et roulèrent sur vos lèvres closes qui s'entrouvrirent et les burent. Elles étaient bien amères ces larmes dont aussi, moi, j'eus ma part, ah ! bien amères ! Soudain, il s'arracha de mes bras qui le retenaient et descendit dans la rue, où pendant toute la journée il lutta sans répit avec ses frères, les ouvriers, contre des frères aussi, les soldats, les paysans. A la tombée de la nuit, quelles angoisses ! un faubourien de nos amis, blessé, poursuivi, se réfugia dans notre maison. « Ils triomphent, râla-t-il tout crispé, les ruraux triomphent ! Un contre dix d'abord, contre cent ensuite, contre mille, dix mille enfin, mon bataillon a tenu jusqu'à la dernière cartouche et tous ceux de mes compagnons qui n'ont pas été tués pendant la bataille sont prisonniers? « Où les a-t-on mis? Qu'en a-t-on fait? » Etourdi de ma question, l'homme me regarda. Je compris son regard et sortis en courant. Un monceau de pavés rougis et derrière lesquels s'étageaient force cadavres m'arrêta. Comme j'essayais de le franchir : « Rebrousse chemin, citoyenne, ou tu seras prise et jetée dans le tas, là-bas, en haut, me dit un vieillard qui se soulevait entre des agonisés et des agonisants. » « Eh quoi ! m'écriai-je, en reconnaissant dans celui qui m'avertissait ainsi l'un de nos voisins, vétéran de 1830 et de 1848, c'est vous, ancien, ah ! c'est vous ! » » Oui, ma fille; oui, moi; si les miens sont encore debout, tu les embrasseras de ma part en leur disant que je suis mort comme j'ai vécu, sans peur et sans reproche..... » Un hoquet terrible lui coupa la parole et c'est à peine s'il eût la force de m'apprendre ce qu'était devenu le plus vaillant de la compagnie détruite qu'il avait commandée, celui que je cherchais. Sitôt informée, ô douleurs des douleurs ! je m'élançai vers ce lieu-ci, dont un cordon de cavaliers et de fantassins défendaient rigoureusement l'accès. Ils eurent beau faire, j'y pénétrai dès les premières lueurs de l'aurore. Ecoutez ! au moment même où j'y dévalais, après en avoir escaladé la clôture au péril de ma vie, une série de détonations aigres et brèves déchira l'air et je crus ouïr les plaintes de toute une armée vaincue et livrée au massacre. Hé ! je ne me trompais point. Arrivée de croix en croix jusqu'au champ où nous sommes, oisif alors, à quinze ou vingt pas de cette vieille muraille que voici, je vis... enfants, pauvres enfants; il était là, lui! Sous mes yeux, le dernier, il succomba. Bien que couvert de blessures et couché sur le flanc, il protestait toujours et j'entends encore l'adieu dont il salua la Vérité qui luira demain, lorsque, rompant les rangs épais des exécuteurs, à moitié folle, je me précipitai vers lui. Tombée mourante à ses côtés, je me ranimai de moi-même, et, tant que je respirerai, dussé-je vivre mille ans et plus, cette horreur restera gravée sur mes prunelles!.... je le vis enfouir ainsi que tous ses frères d'armes, dans l'immense fosse creusée d'avance, et peut-être en leur présence, par les bourreaux. Il est là, sous nos pieds, il est là, ce fidèle! A genoux, fils, à genoux, et baisez avec moi la terre où s'est consumé le corps de votre père!

Obéissant au pieux désir de leur mère, dont la voix vibrante et grave sonnait encore à mon oreille, les deux orphelins prosternés sur le sol, le baisaient avec piété, quand tout à coup éclata cette brutale injonction :

— Hors d'ici! C'est le coin des fusillés, on ne s'arrête pas là; filez! Aucun stationnement n'est permis où ne se trouvent ni tertres, ni bâtisses, ni dalles!

Se relevant froide et fière, la veuve étreignit ses petits dont l'aîné, montrant de ses poings serrés le fastueux monument au faîte duquel, cerclée d'or, rutilait l'effigie d'un ministre prévaricateur et concussionnaire du second empire, cracha ces mots au soldat de police qui, peut-être six ans auparavant, orné du brassard tricolore, avait participé à l'égorgement des braves :

— Sachez-le, vous, mon père était plus digne que ça d'avoir ici son tombeau !

Quoique tout ému, le plus jeune des deux frères, haussant les épaules, ajouta :

— Dam ! oui, sergot.

Très pensif, frappé, je suivis longtemps des yeux ces deux enfants de Paris, qui, comme tant d'autres déshérités seront hommes dans quelques années, c'est-à-dire bientôt, c'est-à-dire demain...

2 *Novembre* 1877.

LA GÉNÉRALE

A LA JAMBE DE BOIS

La Générale à la Jambe de Bois

On jouait les *Huguenots* à l'Opéra. La toile venait de tomber sur l'acte magistral de la *Bénédiction des poignards*, et, dans l'opulente salle où Louis Partant-pour-la-Syrie n'a jamais eu le plaisir de montrer son triste museau, car si parfois les empereurs proposent, le peuple dispose, un flot de diamants rutilaient, sous les feux du lustre, aux doigts, aux oreilles, à la gorge des mondaines sur qui les lorgnettes des vieux beaux et des jeunes cocodès étaient braquées de toutes parts.

— Savez-vous, Messieurs, quelle est cette belle personne? demanda tout à coup aux confrères de l'entourage un journaliste intransigeant que sa verve implacable et ses nombreux mois de prison à Sainte-Pélagie ont singulièrement mis en relief, il me semble que je l'ai déjà rencontrée...

— En Amérique, alors! repartit solennellement ce malicieux pontife du reportage parisien qu'on nomme le père Echo; c'est la femme de ce trapu gentleman, assis à côté d'elle et qui porte un collier de barbe à l'instar de nos marins : Son Excellence le général Abraham Falvy, du Massachussets, arrivé, mes informations sont on ne peut plus précises, de Londres, ce matin même.

— Ah!... Cependant elle n'a pas l'air d'une Yankee, bourdonna le sympathique écrivain tout pensif, et je crois que l'on chercherait en vain son extrait de naissance sur les bords du Connecticut ou de l'Ohio; remarquez donc ses gestes si faciles et cette grâce toute française. Oh! je vous assure que je l'ai déjà vue, non point aux Etats-Unis où je ne suis jamais allé, ni dans les plaines du Rhône que j'ai quittées encore au maillot, voici quelque trente ans; seulement, elle avait en ce temps-là, les cheveux épars, et ses yeux dont, aujourd'hui, le si doux regard caresse comme la molle lumière d'une lampe, jetaient alors des flammes terribles...

— Hem, hem, citoyen! seriez-vous, quoique démocrate, un peu poëte, dites?

— Suffisamment, quoique ou parce que! monseigneur de la Sainte-Ampoule.

Et l'émule des Desmoulins et des Paul-Louis se laissa choir, toujours songeur, dans sa stalle d'orchestre, car les trois coups réglementaires frappés sur la scène, annonçaient le dernier lever du rideau... la pièce se dénoua. Valentine, Raoul, Marcel, tous les parpaillots eurent beau rouler le plus dramatiquement du monde sous les arquebuses des papistes, il n'y prit garde, occupé qu'il était à contempler un autre champ de carnage :

« Aux abords d'un terrain ardu, boisé, que parsèment des villas closes de murailles se groupent nombre de bataillons armés à la moderne ; du haut d'un mont perdu dans les brumes hivernales, une citadelle vomit par les gueules de cent canons de rempart, des paquets de mitraille sur les bois ambiants d'où l'ennemi savamment embusqué, couvre de mousqueterie nos fantassins échelonnés sur les pentes et prêts à monter à l'assaut. Tout à coup le tambour bat, le clairon sonne. « En avant, fils de France et vive Paris ! » On s'élance, on se rue, et l'on se heurte contre des échalliers derrière lesquels luisent les casques à pointe de l'assiégeant. Hurrah! les sujets du König font rage lorsque, soudain, ce cri retentit : « A la baïonnette! » et l'on voit une fois ce que peut, en dépit de chefs ineptes ou pusillanimes, qui ne savent ni vaincre ni mourir, la *furia francese*. Pourtant la victoire hésite encore! Alors aux troupes régulières se joignent les milices de la ville investie et ce qu'ont en vain essayé des soldats de profession est accompli par des soldats de hasard. Dieu vivant! à la tête des phalanges urbaines s'avancent, dans la poudre et dans la fumée, deux conscrits, deux blancs becs. Un d'eux tombe au pertuis d'un fourré, l'autre s'agenouille, puis, tout hérissé, se relève et de nouveau se précipite avide de venger son colégionnaire mourant. Il charge, il va... Son képi, frappé d'une balle, est emporté. Quel élan! Il bondit, il gronde, il se transfigure. Ah! ce n'est plus seulement un volontaire de la mort, c'est la patrie elle-même. Et ce brave, ce héros, c'est une femme! On dirait, sous des habits masculins, la Vierge de 92, oui! la déité de Rude avec ses crins ondoyants et tumultueux, ses ailes palpitantes et le glaive qu'elle tend d'un bras irrésistible vers l'étranger!... Hélas! on ne sait pourquoi les trompettes ordonnent la retraite, et voici que les citoyens, vainqueurs, s'arrêtent dociles à l'ordre qu'elles proclament toutes ensemble, et se replient. Elle seule, la guerrière refuse d'obéir, et bientôt foudroyée, s'abat à la crète d'un mamelon... »

— Non, non ! elle n'est pas morte, cette vaillante, cette fille sublime auprès de qui j'ai combattu ; je la reconnais, je la retrouve, c'est elle, c'est bien elle !

Et celui qui rêvait s'éveille, court, le spectacle étant fini, hors de la salle et se plante au pied de l'escalier monumental, où doit forcément passer l'héroïne...

— Appuyez-vous sur moi, murmure son cavalier tandis qu'élégante, rayonnante, prestigieuse, portant haut sa tête brune et droit son robuste torse, elle descendait, dans son vaste burnous de satin blanc, les marches de marbre en traînant un peu sa jambe gauche, affectée, eût-on dit, d'une certaine raideur.

— Rochemont! s'exclama-t-elle à l'aspect du jeune pamphlétaire qui la contemplait, tout ému; vous! ah! je suis très heureuse de vous retrouver enfin; mon mari : le général Falvy.

Puis, se tournant souriante vers son époux :

— Un ami; mon compagnon d'armes à Buzenval!

Les deux hommes, qui ne s'étaient jamais vus, se serrèrent la main comme de vieilles connaissances; après quoi, celui d'épée dit à celui de plume avec la plus franche cordialité :

— Vous ne pouvez, Monsieur, nous laisser ainsi; faites-nous le plaisir et l'honneur de nous accompagner de l'autre côté du boulevard; nous causerons un instant de vos batailles d'hier et de celles d'aujourd'hui.

— Très-volontiers!

Une calèche découverte, écussonnée aux armes de l'Union, stationnait sous le péristyle de l'Opéra; tous les trois y montèrent, et quelques minutes après, assis autour d'une table à thé, devant un feu pétillant, ils conversaient ensemble dans un riche salon de l'hôtel de Bristol. Le publiciste interrogé, parla de procès à lui intentés par un gouvernement liberticide; et quand il eut terminé le récit de ses luttes politiques, à son tour il questionna. Mme la générale s'exécuta de très bonne grâce :

— En vérité, mon cher camarade de bivac, c'est une aventure assez étrange que la mienne ; telle quelle, la voici : Frappée sur ce plateau, témoin de votre valeur, j'en appelle à tous ceux qui, comme moi, pénétrèrent sur vos pas dans la redoute triangulaire de la Croix-au-Corbeau ; ramassée toute sanglante au delà du Parc-Bleu, près duquel périrent tant de braves, entre autres mon frère, mon unique frère dont je partageais l'ardent patriotisme et qu'en dépit de tout, j'avais voulu suivre au suprême combat où, vous ne l'ignorez point, n'eût été ce pauvre Trochu, la victoire enfin infidèle au vautour teutonique, eût couronné l'effort de Paris assiégé je fus transportée, évanouie, *intra muros* en la maison où venaient de s'éteindre, après une longue vie de labeur, mes père et mère, ces honnêtes artistes, si dévots au peuple, dont ils étaient sortis. Une vieille parente, la seule qui me restât, veilla pendant deux mois à mon chevet, et grâce aux soins assidus qu'elle eut pour moi, j'étais sur pied et rétablie, lorsque sonna le tocsin de la guerre intestine. Avec qui lutter et contre qui? Républicaine, je n'écoutai que ma conscience et, le cœur déchiré, je pris parti pour ces prolétaires à qui, j'y compte bien, rendra justice un jour l'impartiale postérité. Comme eux vaincue, avec eux je tombai sur le dernier tas de pavés où flottait leur drapeau. Des mains pieuses me relevèrent dans la rue au moment où des soldats impitoyables achevaient le massacre de nos bataillons. Si, blessée cruellement, je ne fus point passée par les armes, je le dois à la généreuse étrangère qui me recueillit sous son toit où, bientôt on pratiqua sur moi, la mort m'eût été plus douce, une de ces mutilations dont l'homme qui les subit se trouve comme ennobli, mais qui ravalent à jamais la femme, en faisant d'elle un objet de douloureuse pitié...

— Marianne! interrompit Abraham Falvy, que dites-vous? oh! je proteste!

Elle remercia d'un ineffable coup-d'œil l'amant délicat qui l'avait choisie, et poursuivit :

— ... On avait obtenu de moi ce

sacrifice et celle pour l'amour de qui je m'y étais résignée en réclama bientôt un autre plus pénible encore. » Eh quoi ! m'écriai-je avec colère, vous m'avez contrainte à vivre et maintenant vous exigez que je m'expatrie ! » Il le faut, mon enfant, un conseil de guerre vous a condamnée à mort et, nulle part, en France, vous ne seriez désormais à l'abri. De nouveau, je cédai. Munie d'un passe-port qu'on m'avait procuré, je gagnai le Havre, et, dix jours après mon embarquement, j'étais à New-York, chez une germaine de ma bienfaitrice, où je rencontrai le bonheur. Un fils de camisards dont la famille, après la révocation de l'édit de Nantes, s'était réfugiée en Angleterre, et de l'Angleterre à la

Nouvelle-Orléans, me vit, et malgré mon infirmité, m'aima. C'est avec lui, ce chevalier, que depuis hier seulement, j'ai retrouvé ma terre natale, Paris, mon grand Paris. Oh! je n'ai rien à craindre ici. L'étendard étoilé de la libre Amérique me couvre, et si vos tyranneaux s'ingéraient de me molester, moi qu'ils ont proscrite, je sais fort bien qui protégerait contre eux celle que là-bas, au loin, de l'autre côté de l'Atlantique, on appelle la « générale à la jambe de bois! »

Un silence attendri caractérisa cette curieuse confidence,... et comme le polémiste français se levait pour prendre congé des époux, le grave citoyen de l'Union dit avec un accent pénétré :

— Jadis, sous l'ancienne monarchie, mes ancêtres, les Captals de Falvy, portaient sur leur écu cette noble devise : « Avant mon Roy, ma Dame ! » Elle a du bon et je la maintiendrai !

20 *novembre* 1871.

BÊTES & GENS

Bêtes & Gens

Venez-y, mes amis, venez-y voir, et vous vous en retournerez complétement édifiés!... Si, dans vos murs, à Paris, les prodigalités d'un beau fils qui mange en herbe les millions paternels, sont à peine remarquées; ici, sous le ciel du midi, tout près de l'Espagne, aux Antipodes de la Chine et presque en France, au cœur de mon pays natal, le Quercy, donner *coram populo* dix sous au mendiant qui passe en récitant des *Pater* et des *Ave-Maria*, c'est susciter autour de soi la stupeur qu'y produirait la subite apparition de l'antechrist et, je n'exagère rien, y répandre non moins d'épouvante qu'une inondation, l'hiver, à l'heure où le blé germe, ou qu'un incendie, l'été, quand les gaves et les sources taris ne fournissent plus un seul sceau d'eau. Point d'effet sans cause; aussi de tels mouvements, si désordonnés et vraiment excessifs en ont-ils une très simple et la voici : Ces plaines admirables, ces cimes sublimes, ces prodigieuses campagnes où la nature est d'autant plus belle que l'homme y est plus hideux, abondent en Harpagons, en papas

Grandet, voire en pires espèces de Gobsecks ruraux si bien devinées par notre incomparable Honoré de Balzac, qui fut appelé non sans quelque motif, « un visionnaire de génie » et, pour tous ces thésauriseurs et ces grippe-sous, l'or, du Bertram de l'académicien Scribe, n'est certes pas une chimère. Amasser, épargner, s'arrondir au détriment même de leur santé, voilà l'unique préoccupation qui les hante, quelles que soient les conjonctures ou la saison. Hors de là, pour ces bonnes âmes, point de salut ; et c'est pourquoi tout ce qui les entoure et les sert souffre de leur invincible lésine, au foyer comme à l'étable, au chenil ainsi qu'en la basse-cour et du fond d'icelle au faîte du colombier.

On a beau parcourir de l'est à l'ouest, du nord au sud, cette antique et ferrugineuse province gallo-romaine, où l'avarice règne et triomphe des transes qu'inspire à la progéniture sang-mêlé des aborigènes un Dieu terrible, un Dieu cruel, le Dieu sans oreilles et sans entrailles des traditions hiératiques, juives et chrétiennes, adoré là depuis tant de mille ans, on n'y verra qu'une longue théorie de bipèdes et de quadrupèdes, involontaires ou volontaires martyrs, en proie aux affres de la faim, et quelle faim! une faim sans merci, car, encore une fois, en plein champs et sous le chaume, bêtes et gens, maîtres et valets, tous pâtissent à l'envi: l'aïeul, l'aïeule, le mari, la femme, les enfants, la servante, la jument, le bœuf et l'âne... Honnêtes bêtes de trait, douces bêtes de bât; ah! que faites-vous donc, citoyens membres de la Société protectrice! on les surmène de l'aube au crépuscule, et, quand la journée est finie, à peine leur est-il octroyé de quoi ne pas mourir d'inanition. Eh, ma foi! l'avoine est trop chère, et l'orge aussi! Quant au fourrage, il vaut mieux le vendre! Une ration de paille ou quelques chardons, ça suffit! » A ce jeu l'animal crève souvent; alors c'est un deuil pour la maison. « Oh! quel malheur, la brave brute, où trouver qui la vaille! elle était si dure à la besogne et prenait si peu! Morte? quelle calamité? quel désastre! » Et l'on s'attendrit en chœur, on exalte les qualités de la vache ou du cheval expiré, l'on pleure le défunt!.. Halte-là! ne vous y trompez mie, honorables zoophiles platoniques qui ratiocînez sans agir, à l'exemple des bons philanthropes en train de siéger en Seine-et-Oise, au... corps législatif de Versailles, ayez l'obligeance de ne point vous laisser duper par cette apparente générosité: Ce n'est pas le sobre et rude serviteur éteint que l'on déplore ainsi, mais la somme d'argent qu'il représentait et qu'on a perdue en le perdant. On le remplacera, lui, tant bien que mal, il faudra le remplacer tôt ou tard, mais les écus qu'il avait coûtés? Hélas! partis, et pour toujours! Ah! si les pauvres et nobles bêtes de travail ou d'élevage ont à subir tant de maux en cette contrée barbare, elles n'y sont cependant pas encore les plus misérables. Soir et matin, elles mastiquent, elles, peu ou prou, tandis que les autres animaux domestiques, par exemple, les chiens de garde, néant! Examinez-les, regardez-les: honteux comme l'indigence et furtifs comme le crime, ils vont par ci, par là, sombres incertains, hargneux, étiques, ces maudits, ces parias! Seraient-ils ivres? seraient-ils saoûls? On le dirait, tant ils trébuchent, tant ils chancellent en fouillant sans relâche la montagne et la combe. Ivres, saoûls, eux, pécaïre! Leur ventre tiré crie famine et les os leur forent la peau. Gratifiez-les d'un morceau de fougasse dur comme roc ou de quelques cuillerées de soupe, et vous verrez, fût-elle aigre! « Ah bah! dit le paysan, inutile de leur fournir des pitances; ils savent bien trouver tout seuls ce qu'il leur est nécessaire.,.. hé! s'ils ne sont pas contents comme cela, qu'ils aillent au diable! » Et voilà tout le salaire de ces vaillants ouvriers qui mettraient en pièces le passant assez hardi pour enlever une paille de la gerbière ou cueillir un ver-luisant sur le seuil de la borde. Il faut les voir ces gardiens fidèles, il faut les voir de près: Leurs dents aiguës, leurs robes à rebrousse-poil, leurs yeux humides de larmes ou bien injectés de pourpre et toujours pleins d'inquiétude, de douleur ou de menaces, leurs aboiements enroués, tout cela constitue un épouvantail qui déconcerte et paralyse le malfaiteur. On devrait au moins leur payer leurs services, mais non! le bordier, qui bénéficie de l'effroi qu'ils inspirent au maraudeur, les accueille à coups de pieds, si, par hasard, ils viennent rôder autour de la table où fume l'éternelle soupe aux choux et lécher les rares miettes tombées des bouches par terre. « A la porte, les gourmands! dehors les avale-farine! tirez, tirez! » Et s'ils regimbent tant soit peu, le bâton à tour de bras, ou le fouet jusqu'à complète usure du manche et de la corde!...

Oh! camarades, il m'en souvient à merveille!...

Au moulin de La Lande (que j'habitais autrefois, tantôt l'été, tantôt l'hiver, où sont les villégiatures d'antan? et que je n'habiterai jamais plus, ayant dû le vendre naguère au dernier et plus offrant enchérisseur), il y avait une griffonne blanche, haute sur pattes, tâchée de noir, et, de l'autre côté de la route cantonale, à la ferme des Bruants, sise à mi-portée de fusil du moulin, un chien roux moitié lévrier, moitié dogue, avec des jambes torses de basset et une queue touffue d'épagneul. Ils me connaissaient bien, je vous l'assure, l'un et l'autre. Un jour (il pleuvait tellement du feu ce jour-là que ma face en est encore hâlée), à leur grande satisfaction, nous nous instituâmes leur panetier. Depuis lors, ils me montrèrent quelque amitié. Que je quittasse le clos, ils étaient fous de douleur et fous de joie quand j'y retournais. Et toujours, ici, là, partout, que je parte ou que j'arrive, ils me parlaient une langue qu'ils savaient me faire entendre, et de leurs yeux aussi phosphorescents que ceux des carnassiers la nuit, sous bois, jaillissaient plus d'éclairs de reconnaissance qu'aucun regard humain n'est capable d'en produire. Bref, ils m'aimaient autant que je les aimais, et ce n'est pas peu dire, en vérité. La première fois que j'eus l'honneur et le plaisir de leur partager du pain, ils se tenaient assis sur le dos, loin de moi, à vingt ou trente pas de distance. Rien, chez eux, ne trahît d'abord l'émotion qu'avait dû leur causer cette distribution inattendue, rien, si ce n'est un léger froncement de nez et le renflement de leurs babines. Ils me montraient leurs crocs, ils avaient l'air de rire, mais se gardaient bien de bouger. En vain, du plat de ma main, frappai-je mes cuisses à petits coups répétés, afin de les attirer, ces poltrons ; en vain faisant subir à ma voix les plus tendres inflexions, les encourageai-je par les mots les plus subtils et les plus engageants, tout fut inutile. » Encore un peu de patience, pensai-je, ils y viendront! » Ouiche! j'eus beau dire et beau faire. Ils préféraient souffrir toutes les tortures de Tantale que de m'aborder. Ah ! j'en avais réellement pitié! Muets, attentifs, ils croquaient des yeux les morceaux de pain épars à mes pieds, et mâchaient à vide pour tromper la faim... Malgré tout, ils ne branlèrent point. Espérant qu'ils seraient plus osés si je disparaissais, je me glissai dans un champ de froment et m'y dissimulant de mon mieux, j'attendis; attente stérile, ils me sentaient là; plus que jamais, ils restèrent immobiles. En désespoir de cause, je rentrai le plus douillettement du monde à l'usine et courus au grenier du haut duquel je savais que je pourrais très bien les voir sans en être aperçu moi-même. Ils étudièrent longtemps, très longtemps, les oscillations des blés que j'avais sillonnés, puis la femelle, allant à la découverte, s'enfonça sous les épis. Quand, satisfaite sans doute de son exploration, elle revint sur la route, je la vis humer l'air et j'entendis le gémissement qu'elle poussa. Son compagnon, s'étant empressé de la rejoindre, elle le flaira comme elle en fut flairée. On eût dit qu'ils se parlaient bas à l'oreille. Enfin, côte à côte, rampants, frémissants, le museau rez terre et la queue repliée sous le ventre, ils gagnèrent ensemble le tertre où gisaient les croûtes que je leur avais jetées. S'attendaient-ils à recevoir une volée de coups de trique et criaient-ils uniquement de frayeur?.... A peine eurent-ils saisi le butin si convoité, qu'ils se prirent à geindre et, fuyant à toutes jambes, ils s'élancèrent qui d'un côté, qui de l'autre: le métis fauve à jambes torses au milieu d'un épais taillis, la pur-sang dans le lit à sec du Lemboux, maigre rivière sur laquelle est bâti le petit moulin à blé que je regrette et regretterai jusqu'au tombeau. Le bruit que fit la chienne en traversant les ajoncs et les menthes de la rive effaroucha trois matous se chauffant au soleil, qui se précipitèrent rapides comme l'éclair et vagissant de terreur sous une grosse meule de chaume avoisinante. Ayant franchi le ru, la griffonne s'accroupit sur l'herbe, au pied d'un rouvre et mangea, grognant, avec voracité. Mais elle était épiée par trois paires d'yeux et n'avait qu'à bien se tenir. Revenus déjà de leur folle épouvante, alléchés par la vue du pain que ma pensionnaire dévorait, les trois chats marchèrent sur elle anguleusement, se rasant comme des tigres et soufflant, tout hérissés. Subitement, ils bondirent. Acharné fut le combat. Les quatre animaux m'apparurent hurlant, miaulant, piétinant les uns sur les autres, roulant confondus parmi les lichens, formant un groupe mobile et confus dont la chienne se sépara, déchirée, aveugle, plaintive, la queue basse, la gueule ensanglantée, les poils salis, ayant perdu, cette nigaude, sa proie dans la bataille.

— Eh bien, mais! demandai-je à la meunière, une riche blonde, très belle fille, ma foi, qui vannait des grains, seigle et mil, en chantant, au fond du grenier, on ne donne donc jamais rien à manger à ces bêtes-là?

— Quelles bêtes, s'il vous plaît, monsieur?

— Hé! pardi, là, ces chiens, ces chats!

— Oh! les chiens ne sont pas malheureux; ils mangent les œufs couvés et nos fientes.

— Et les chats?

— Les chats *ratent* et pêchent, ils ont bien assez de quoi se nourrir comme cela, ces goulus.

— Ils pêchent, m'écriai-je abasourdi, que dites-vous? ils pêchent le poisson?

—Oui, monsieur, les barbillons, les ablettes, les grenouilles et les rats d'eau, puis ils chassent, outre rats, belettes et taupes, hérissons et fouines, soubuses et ducs, les passereaux, les tarins, les rouge-gorges, les cul-blancs, les hirondelles, les limaçons, les mouches, les araignées, les salamandres, les crapauds, les têtards, les hiboux, les chauve-souris, sans compter les lapins de garenne et les lièvres qui ne manquent pas dans ce pays-ci, tout le monde le sait!

En vérité, je n'en pouvais croire mes oreilles, mais force me fut, quelques jours après, d'en croire mes yeux. Je m'étais toujours figuré le chat, soit comme un animal mystérieux, fatidique, poétique même, soit comme une bête lascive, ronronnante, hypocrite et coquette, mais ces félins longs comme des fourmilliers, décharnés comme des squelettes, hydrophiles, surveillant le goujon à l'affut derrière une motte de terre ou des touffes d'herbe, plongeant dans l'eau vaseuse, y furetant, en rapportant les poissons frétillants et les déchirant avec férocité ; ces chats, étendus les quatre jambes en l'air, immobiles, rigides comme des charognes, bondissant, fondant tout à coup sur l'hirondelle, l'arrêtant au vol comme fait l'épervier, et l'avalant toute vive encore ; ces chats chasseurs, pêcheurs, voleurs, assassins, ces chats braconniers et bandits, n'avaient jamais, je l'avoue, joué dans mon imagination, et même je n'aurai jamais supposé qu'ils existassent. Ils existent, je les ai vus, je les ai touchés, j'ai promené mes mains curieuses sur la carcasse de l'un d'eux, j'ai compté ses côtes, senti battre son cœur, j'ai caressé sa peau gris-fauve et lustrée, changeante comme du velours sur lequel il a plu, je me suis miré dans ses prunelles profondes, et j'y ai lu ce que l'on déchiffre aussi dans les yeux des bœufs et des ânes de labour, dételés de la charrue, après dix heures de travail sous un ciel en flammes, et tombant épuisés sur leur infecte litière devant la crèche vide : un réquisitoire en forme contre l'ingratitude de leurs supérieurs dans l'échelle des êtres, une plainte éloquente contre la méchanceté mille fois séculaire de leurs frères, les hommes !

En Quercy, Juin 1862. Revu à *Sèvres, Avril* 1879.

TABLE

Paul-des-Blés 7
L'Ancêtre 67
Une Maudite 79
Chez les Morts 89
La Générale à la Jambe de Bois 105
Bêtes et Gens 121

Imprimerie A. LEFÈVRE, Bruxelles.

Librairie Henry KISTEMAECKERS

BIBLIOGRAPHIE

L'HOMME QUI TUE !

(*Les Bureaux arabes sous le second Empire*)

par

X. X. X.

Tome 1er. — **Le Ventre de Lalla-Fathma.**
Tome II. — **L'Assaut des Lupanars.**

2 volumes in-16 (format Charpentier). Prix : 6 francs.

Voici comment le critique Georges Gerber s'exprime au sujet de ce livre dans la *Révolution française*, du 17 floreal an 87 (Mardi 6 avril 1879) :

Quand on écrit une œuvre comme celle que nous allons étudier, où tout lion serait fier d'apposer sa griffe et d'empreindre son sceau — ainsi que le dit Léon Cladel dans une magnifique préface — pourquoi ne pas la signer?... Je ne veux pas dévoiler la puissante personnalité qui se dérobe sous le triple anonymat X. X. X. à qui nous devons déjà le *Roman du Curé* — dont j'aurai à parler un jour — mais je dois dire ici que l'auteur, dans ces pages émouvantes, a fait entendre la voix de la vraie France.

L'Homme qui Tue! les Bureaux Arabes sous le Second Empire, tel est le titre du livre dont nous parlons. Cela en dit assez; on voit de quoi il est question.

L'auteur a passé de longues années en Algérie, rapière au côté, pistolets dans les arçons, fusil braqué sur le Kabyle. Dans cette Algérie qui nous appartient, parce qu'en un jour de mauvaise humeur le dey Hussein frappa de son chasse-mouches M. Delval, consul de France. Dans ce pays où nous voulons à toute force faire pénétrer notre civilisation à l'aide du pillage et des massacres X. X. X. c'est le soldat pacificateur et civilisateur. Lui s'intitule : *l'Homme qui Tue!* Et alors il nous narre ses faits et gestes.

Cet ouvrage est bien moins un roman qu'un feuillet sanglant de l'histoire des nations qui, sous le fallacieux prétexte de civiliser des sauvages, sont parties à la conquête de peuples peu soucieux d'être conquis, se sont mises en campagne pour asservir des pays qui ne demandaient qu'à vivre tranquilles et libres. Donc, récalcitrants, on vous civilisera quand même. Et pour cela, tous les moyens seront bons.

Dans la forme, *l'Homme qui Tue* est violent, mais d'une violence nécessitée par le récit même des épisodes qui s'y trouvent. L'auteur n'a pas fait du naturalisme — puisque le mot est à la mode — pour l'amour du naturalisme. Il a vu, il raconte. Le mot est crû parfois et peut frapper désagréablement le tympan du bourgeois dodu et satisfait ou du damoiseau en quête de bouquins littéraires et malpropres, tant pis !

Ce livre n'est pas écrit pour eux. Il est fait pour nous qui voulons la vérité, nue ou voilée, peu nous importe, mais la vérité tout entière. Les tableaux se déroulent à nos yeux, saisissants. On frémit d'indignation ou d'horreur, mais on est empoigné

Et de redoutables points d'interrogations se dressent. On se dit : Est-il possible? La soldatesque en furie pille, tue, vole, viole. On se rend maître de la retraite *Le Ventre de Lalla Fathma* au bruit du clairon ; mais on monte à l'*Assaut des Lupanars* de la porte Djebbia, au cri de : Vive l'empereur ! et au chant du *Pou et de l'Araignée*. Bon Dieu ! à de telles scènes, on ne croirait pas, mais c'est un revenant qui nous les raconte, et il y a joué son rôle comme les autres.

De ce livre puissant d'originalité où tout vit, fourmille, où, à chaque instant, vous recevez en plein visage les éclats de rire stridents des filles de joie et les jurements des troupiers, de cette œuvre brûlante et sauvage comme les déserts de la Kabylie, que ressort-il ? Quelle conclusion tirer ?

L'auteur n'a pas seulement eu pour but de nous faire toucher du doigt la façon dont on colonise l'Algérie. Après avoir été *l'Homme qui Tue*, il est devenu l'homme qui pense. D'abord soldat ; philosophe ensuite. La moralité qui se dégage nettement de son œuvre est celle-ci : L'homme de guerre se trouve placé, par la force des choses, entre sa conscience d'honnête homme et ses devoirs de soldat. Qui l'emportera ?

Une grande question se pose : si l'obéissance passive doit tuer la conscience, si le soldat doit détruire le citoyen, n'est-il pas urgent que la Révolution porte son fer rouge dans le métier de l'*Homme qui Tue* ?

Qu'on ne s'y méprenne point ; agiter ce redoutable problème, ce n'est pas s'attaquer directement à l'armée — et quand cela serait ? — c'est signaler une affreuse plaie de notre société, c'est tout simplement déclarer la guerre à la guerre. De tels ouvrages se recommandent à l'attention et à la méditation de tous les hommes sérieux.

Georges GERBER.

www.ingramcontent.com/pod-product-compliance
Ingram Content Group UK Ltd.
Pitfield, Milton Keynes, MK11 3LW, UK
UKHW031902260826
14628UKWH00002B/932

9 782013 053792